RÉPONSE

A LA BROCHURE

De M. Fleuriau,

Délégué des colons de la Martinique.

PAR BISSETTE.

PARIS.

IMPRIMERIE DE AUGUSTE MIE,

RUE JOQUELET, Nº 9.

1831.

RÉPONSE

A LA BROCHURE

De M. Fleuriau,

Délégué des colons de la Martinique.

M. Fleuriau, délégué des colons de la Martinique, répond par une lettre imprimée qu'il adresse au Ministre de la marine, à un mémoire que j'ai eu l'honneur de présenter à ce Ministre touchant les colonies françaises. Il prétend me réfuter et prouver que les faits que j'avance sont des rêves d'imagination qui ne méritent aucune croyance. L'opinion publique fera raison des locutions injurieuses employées par le délégué des colons de la Martinique. On ne croira pas un seul instant que j'aie pu, en défendant auprès du ministre du Roi une cause aussi sacrée que celle que j'ai entreprise, descendre jamais au mensonge, à la calomnie, ou même à de futiles allégations. M. Fleuriau n'échappe lui-même qu'avec peine à cette conviction ; mais il n'ose oublier entièrement qu'il représente une classe qui aux colonies n'est pas habituée aux remontrances, et fait souvent plus que de rejeter avec mépris les trop justes doléances des hommes de couleur. M. le délégué ne peut concevoir que moi, Bissette, l'une des victimes des préjugés coloniaux, je puisse trouver près du pouvoir actuel, accès pour faire entendre la vérité méconnue sous la restauration. Tant d'audace parait à M. Fleuriau un outrage, et incapable de comprendre ce que l'amour de l'humanité, du droit, du juste, permet d'entreprendre à un gouvernement national, peu s'en faut que M. Fleuriau ne me traite à Paris comme ses fiers commettans m'auraient traité à la Martinique, si, là comme ici, j'avais osé publier les efforts qu'ils font afin d'éluder ou de réduire au néant les intentions bienveillantes de la Métropole pour l'amélioration du régime colonial. Je sais ce que m'a valu de barbares traitemens la simple lecture d'une brochure inoffensive qui n'était pas de moi.

Je n'ai pas l'honneur de connaître M. le délégué Fleuriau, mais, dans quelques salons de Paris, il s'est fait, dit-on, une réputation d'homme d'esprit et de bonne compagnie, que selon moi, il ne justifie pas dans sa brochure. Cependant j'étais sous l'influence de cette renommée de l'exquise urbanité de M. le délégué des colons de la Martinique, lorsque j'ai pris communication de la brochure qu'il vient de publier en réponse à mon mémoire. C'est la première fois, je l'avoue, que mon cœur a été accessible à un sentiment bien prononcé d'orgueil. Moi, déclaré infâme, et plus est, flétri par les commettans de M. le délégué Fleuriau, j'obtiens l'honneur d'une réfutation dans toutes les règles. Oh ! un ange à ma place n'y eut pas tenu. J'allais donc avoir occupé les loisirs de M. Fleuriau ! Je m'attendais à ce persifflage d'un homme de bon ton, mais que j'ai été subitement désenchanté ! Au lieu de cette raison supérieure qui se joue des difficultés, de cette dialectique pressante qui foudroie l'imposture, je n'ai trouvé que des lieux communs, un langage oublieux du personnage qui devait l'entendre, l'expression colérique d'un ennemi de toute espèce de contradiction, enfin un vrai délégué des colons de la Martinique, chargé, non pas de défendre des usages qu'on attaque, mais de soutenir, *par tous moyens*, les priviléges que je combats.

Je ne rappellerai pas ici tous les faits contenus dans le mémoire auquel M. Fleuriau me fait l'honneur de répondre ; je me contenterai de regarder comme constans et inattaquables ceux qu'il favorise de son méprisant silence, et je prendrai la liberté grande envers lui, de réfuter chacune de ses réponses, ce qui ne me sera pas plus difficile que d'être aussi poli que lui.

J'ai dit qu'il courait, à la Martinique, une lettre de M. Fleuriau à ses commettans, par laquelle il annonçait que le ministre lui avait promis de rétablir l'ordonnance dite du *respect aux blancs*.

M. Fleuriau, avec une forme de style qui n'admet pas de réplique courtoise, dit : *Ce fait est faux ! Toutes les lettres, que j'ai adressées au conseil-général de la Martinique, sont enregistrées sur un livre de correspondance. Je n'ai jamais écrit pareille absurdité.*»

Je prends acte de cette dénégation ; j'aime à croire que ce sont les commettans de M. Fleuriau qui lui auront prêté un langage et une lettre qu'il désavoue aujourd'hui ; car mon allégation est vraie, en ce sens, non pas que le ministre ait rien promis, mais qu'une lettre, attribuée à M. Fleuriau, a parcouru la colonie ; ce que je dis mérite croyance, et je n'ai encore donné à personne le droit de douter de ma franchise. Il peut résulter du registre de la correspondance officielle de M. Fleuriau, absence totale de l'existence de la lettre dont je rapporte l'esprit, mais cette preuve ne concernerait après tout que son registre.

M. le délégué qui sait

« Passer du grave au doux, du plaisant au sévère, »

assure que la demoiselle Desclerice Romeny n'a été mise aux fers que pour avoir *menacé du poing* le commandant de sa commune. Si cette demoiselle a menacé ce fonctionnaire, elle méritait d'être traduite devant les tribunaux, seuls juges du délit, et M. Timoléon Dufougerai, commandant du Gros-Morne, aurait commis un acte arbitraire en se faisant justice par ses mains. Je soupçonne que M. Fleuriau n'a pas réfléchi que, pour le plaisir de contredire le vrai motif que j'ai allégué aux mauvais traitemens dont cette demoiselle a été victime, il faisait jouer au commandant du Gros-Morne un rôle passablement ridicule.

« Rien n'est si dangereux qu'un *imprudent* ami ;
« Mieux voudrait un sage ennemi. »

A l'occasion du reproche adressé à M. le procureur du roi de St.-Pierre, d'avoir menacé une dame de couleur, qui a obtenu ses titres de liberté à l'étranger, de la vendre à l'encan si elle *manque de respect aux blancs*, M. Fleuriau se retranche dans cette suffisance si commune à ses commettans, en disant : « *Ce magistrat n'a* « *certainement pas fait une pareille menace. Ceci est évi-* « *demment un de ces propos en l'air qui s'inventent, etc.* » Le lecteur serait plus que bénévole de prendre pour une réfutation de mon assertion positive la dédaigneuse assurance de M. le délégué.

Le même orgueil se reproduit pour la justification de M. Lagrange Chancel, accusé d'avoir fait incarcérer un homme de couleur qui *se prétendait l'égal d'un blanc*. M. Fleuriau répond : « *Je ne suis point au fait de* « *cette circonstance, M. Lagrange-Chancel est trop loyal* « *pour avoir puni cet homme de couleur sans que celui-ci* « *l'ait bien complètement mérité.* » Comment M. Fleuriau, dont on dit la raison si éclairée, peut-il donner dans le ridicule, en commençant la dénégation d'un fait avancé publiquement, par avouer « *qu'il ne con-* *naît pas cette circonstance.* » C'est bien étrangement augurer du bon sens de ses lecteurs. M. le délégué abuse ici de la réputation d'esprit qu'il s'est faite.

C'est avec aussi peu de succès que de logique que M. le délégué des colons de la Martinique aborde le motif de la menace de destitution faite à un jeune employé qui veut épouser une demoiselle de couleur. M. Fleuriau dit : « *Il n'est pas possible que les autorités* « *de la Martinique aient mis obstacle à une pareille al-* « *liance, depuis que le gouvernement a* PRESCRIT DE NOU- « VEAU *de laisser toute lattitude à cet égard.* » En dépit de cette élucubration du cerveau de M. Fleuriau, et à raison même de cette élucubration, la vérité reste entière dans mon assertion. Oui, les colonistes mettent autant d'entraves que possible aux mariages entre les deux classes, et j'en prends pour preuve le raisonnement de M. Fleuriau. S'il en était comme il prétend, pourquoi « *le gouvernement aurait-il prescrit de nou-* « *veau de laisser toute lattitude à cet égard.* »

Il avait donc déjà donné des instructions ? Ces instructions avaient donc été méprisées comme celles relatives à la vente des *épaves?* (1) Pour avocat, je ne prendrai jamais M. Fleuriau, même s'il me faisait l'honneur de m'offrir ses services.

M. Fleuriau ajoute en note : « *Que ce ne sont pas les* « *autorités qui ont menacé ce jeune créole, mais que c'est* « *le père de celui-ci qui s'oppose au mariage, et qu'en* « *conséquence, des sommations respectueuses ont été* « *faites.* » Les deux faits sont constans et ne se réfutent pas l'un par l'autre : il y a eu menace de destitution de la part des autorités, parce que le mariage était entre deux couleurs opposées, et refus du père sous un autre motif. La note de M. Fleuriau est donc inutile, et il remarquera sans doute que j'ai fait preuve au moins

____

(1) Par sa dépêche du 2 mai 1828, M. Hyde de Neuville, étant ministre de la marine, *défendit expressément de replacer dans l'esclavage même les individus dont les droits à la liberté seraient les plus incertains.* M. Bourdeau, étant ministre de la justice, donna l'assurance à la Chambre des Députés, séance du 11 juillet 1829, de l'exécution de la dépêche de son collègue ; ce qui n'a pas empêché depuis aux commettans de M. Fleuriau de faire *vendre à l'encan* des individus en possession de la liberté.

d'un peu de sens commun, en ne dénonçant pas à M. le ministre un fait en dehors de la politique : celui de l'empêchement du père au mariage de son fils.

A l'égard de l'affaire de *la batterie d'Enotz*, je me trouve encore d'accord avec M. le délégué; il dit : « *Qu'il y a eu en effet une rixe dans une promenade de* « *cent pas de long, et qu'il sait que plusieurs jeunes gens* « *blancs de la ville ont été condamnés à cette occa-* « *sion.* »

Je laisserai de côté les *cent pas de long* de cette promenade, que je ne suis point chargé de cadastrer avec M. Fleuriau, mais je ferai remarquer que nous sommes parfaitement de la même opinion, sur ce point, avec la différence cependant, que j'avoue toute la vérité, et que M. le délégué n'en avoue que la moitié. J'ai dit que les blancs avaient fait le mal, et qu'on avait arrêté des hommes de couleur, notamment M. Léonce, qui ne se trouvait pas sur les lieux, mais qui est particuliè- rement l'objet des basses vengeances de l'aristocratie coloniale. M. Fleuriau feint d'ignorer cette injustice, et n'avoue que les *blancs* n'ont enfin été punis que parce qu'on ne pouvait pas faire autrement.

J'aime à voir la présomption de M. le délégué. J'a- vance un fait, celui relatif à l'ordre donné par M. le procureur-général, de ne pas recevoir le pourvoi d'un patroné condamné et exécuté; mon réfutateur le nie, par la raison que : « *N'en ayant pas été informé, cette cir- constance ne peut être vraie.*

Pourtant M. Fleuriau tombe, pour un fait analogue, dans une contradiction choquante. Il prétend que « *Le*

« *pourvoi en cassation de Louisy a dû être refusé parce*
« *que la loi le voulait.* » J'ai peine à retenir tout ce que
cette omnipotence de M. le délégué excite en moi d'hi-
larité. Comment, en effet, peut-il tenir ce langage,
lorsque la Cour suprême a, par un arrêt interlocutoire
rendu sur les conclusions de l'honorable M. Dupin,
ordonné, comme dans le procès de 1824, l'apport des
pièces. Après tout, M. le délégué exprime parfaitement l'opinion de ses commettans, qui prétendent
aussi se rendre juges de la validité des pourvois en cassation formés contre les arrêts des tribunaux des colonies; M. Fleuriau, capitaine de vaisseau, peut bien être
imbu des principes d'arbitraire et rester excusable de
se montrer étranger aux notions de droit. Je ne lui reproche pas une ignorance qui a été mon partage, mais
comme c'est à ses commettans que je dois d'en être
sorti, et ils n'auraient pas dû l'oublier si-tôt, je m'é-
tonne, avec raison, qu'ils lui aient caché l'irrécusable
démenti de l'arrêt de la cour de cassation décidant :
QU'ELLE EST SEULE JUGE DE L'ADMISSIBILITÉ DES POUR-
VOIS. Ce cours de droit forcé aurait dû profiter aux colons comme à moi; mais que sont les décisions régula-
trices pour nos *Pachas* des colonies, qui, ayant par
fois recruté des magistrats à bord de nos vaisseaux et
dans notre armée de terre, prennent pour avocat un
homme connu au plus par des études hydrographiques!
En vérité, j'ai besoin de me rappeler tout le respect
que je dois à M. le délégué des colons de la Martinique, pour ne pas rire de sa logique et de son savoir en
jurisprudence.

Mais voici qui est encore plus plaisant ; M. Fleuriau qui, semblable au Solitaire,

> Connaît tout,
> Sait tout,
> Voit tout,
> Est partout,

M. Fleuriau qui conteste mes assertions lorsqu'il n'a pas été informé du fait sur lequel je les fonde, vient à l'occasion de l'emprisonnement imposé au sieur Marc, par M. Desgages, assurer que, « *M. Desgages, négociant à Saint-Pierre, n'est pas capable de cet acte arbitraire, parce qu'il le connaît.* » Eh bien, je n'ai pas parlé de M. *Quiqui* Desgages, négociant à Saint-Pierre, mais bien de son frère M. L. Desgages, commandant de la Trinité ; de telle sorte que mon allégation reste dans toute sa force ; M. Fleuriau est placé dans ce dilemme, ou qu'il se vante quand il dit connaître tous ses commettans, ou qu'il s'écarte volontairement de la vérité, en prenant le marchand de Saint-Pierre, pour le commandant de la commune de la Trinité.

Passant au Gouverneur de la Martinique, M. Fleuriau trouve que M. Dupotet a raison d'exiger d'un esclave, qui sollicite sa liberté, la justification d'un avoir de 6000 f. pour garantie de ses moyens futurs d'existence. Mais il s'agit de savoir si la loi le veut. Elle dit non, M. Dupotet dit oui, et mon accusation subsiste. D'ailleurs l'ordonnance de M. le ministre d'Argout qui supprime toute taxe, ne veut pas de la condition imposée par le gouverneur de la Martinique, et sous le rapport de cette seule violation, M. Fleuriau ne parviendra jamais à justifier M. l'Amiral Dupotet.

L'instruction relève partout la dignité de l'homme; aussi le gouvernement de la Métropole, voulant rendre plus efficace la liberté qu'il prépare pour les colonies, avait fait choix d'un inspecteur des études, chargé d'y veiller et de diriger l'enseignement. M. Ballin fut nommé et envoyé à la Martinique. Les *colonistes*, toujours opposés aux vues d'amélioration, ne trouvèrent rien de plus ingénieux que de s'opposer par *tous moyens* aux succès de cette œuvre de philantropie. J'ai dit que leur but est de *ravaler les hommes de couleur à l'égal de la brute, en les privant d'instruction.* M. Fleuriau me comprend, bien qu'il feigne de prendre le change sur cette observation. M. Ballin fut très mal accueilli par les *colonistes*, et ce fonctionnaire se serait trouvé comme dans une île de sauvages incapables de comprendre les besoins d'hommes civilisés, sans l'assistance et l'amitié que lui témoigna la classe de couleur pour laquelle je lui avais donné des lettres de recommandation : circonstance personnellement connue de M. le Directeur des colonies, M. Saint-Hilaire, qui a eu la bonté de m'en adresser de vifs remercîmens.

Aujourd'hui M. Fleuriau cherche à donner à cette froideur combinée, une apparence d'économie. « *M. Ba-* « *lin, dit-il, a été envoyé à la Martinique avec* 10,000 *f.* « *d'appointemens, ce qui a paru un peu cher aux ha-* « *bitans.* » Ah ! Monsieur Fléuriau prend ici la partie pour le tout ; il oublie que les hommes de couleur sont aussi des *habitans*, et qu'ayant le plus grand intérêt à conserver M. Ballin, ils ne trouvent pas ses émolumens trop élevés. Mais s'il est vrai que M. Fleuriau approuve cette singulière économie, dont le résultat, après tout, serait de retarder l'instruction des masses, comment se fait-il qu'il louange ses commettans d'avoir payé à un directeur de théâtre une indemnité de 20,000 fr., pour quitter la colonie, au moment où venait d'y arriver l'ordre d'admettre au théâtre, sans distinction, l'une et l'autre classe ? Le délégué prêche l'économie, quand il faut éclairer la population de couleur, et devient prodigue des deniers publics lorsqu'il s'agit de la priver d'un droit tardivement reconnu... Bravo! Monsieur l'avocat Fleuriau.

Cependant, il se lie au fait de *ravaler les hommes de couleur à l'instar de la brute*, une double circonstance que M. Fleuriau passe sous silence. J'aurais d'autant mieux aimé qu'il me contredît, que les deux personnes dont il s'agit sont à Paris; je ne fais pas toutefois à M. le délégué l'injure de penser qu'il a reculé devant une nouvelle difficulté. J'ai dit que deux fonctionnaires publics, à la Martinique, ayant dîné avec des hommes de couleur, ont été, par ordre du conseil privé, sur les *houras* des *colonistes*, renvoyés en France rendre compte de leur conduite; ces Messieurs sont à Paris, et ce n'est pas moi qui redoute leur témoignage; je ne consigne au surplus le silence de M. Fleuriau, que comme certificat de véracité.

« Je maintiendrai comme vrai le débarquement du navire négrier dans la commune du Marin. M. Fleuriau, pour le démentir, se livre à des raisonnemens vagues, appuyés sur ce que les colons « *n'ont ni intérêt ni* « *argent pour faire la traite.* » Leur système de perpétuer l'esclavage les porte au contraire à favoriser ce *brigandage* et à braver la sévérité de la législation à cet égard. L'argent ne peut manquer, puisque la vente des noirs de traite se fait, aux colonies, à 12 et 18 mois de terme du jour de la livraison. Jamais d'ailleurs des raisons n'ont détruit un fait, et ce fait existe. Au reste, la mesure relative à la visite réciproque des navires, concertée entre le gouvernement anglais et le nôtre, prouve que le ministère de la marine ne se fie pas seulement aux *colonistes* pour l'exécution de la loi *sur la traite des noirs.*

Arrivant au fait qui concerne M. G. St. Omer, M. Fleuriau m'apprend qu'il n'est plus. Respect aux morts ! En accusant M. G. Saint-Omer, que je ne savais pas mort, j'ai puisé dans l'information judiciaire faite de son vivant; son corps repose en paix, que son âme soit de même, s'il se peut, et laissons sa mémoire dans l'oubli, ce qu'on a voulu faire en ne donnant pas suite à l'instruction commencée contre lui.

M. Fleuriau prend bien longuement la défense du gérant de l'habitation Spoutourn. Ce qu'il y a de plus gravement comique, dans l'ardeur de M. le délégué, et qui donne un poids immense à son opinion contre la mienne, c'est qu'il commence par ces mots : « MAIS *je* « *suis très bien informé de tout ce qui s'est passé sur* « *l'habitation Spoutourn,* » et qu'il finit par ceux-ci : « *Il* (M. Vermeil) *a été forcé de se retirer à Fort-Royal, où* « *il se meurt par suite d'empoisonnement.* »

Or, si M. Fleuriau affirme par *mais*, être bien informé d'un fait, c'est avouer qu'il n'est pas aussi heureux sur d'autres; mais que penser de cette conviction, quand elle se révèle par une erreur aussi matérielle que celle qui termine sa narration ? Nous voyons M. Fleuriau prendre partout ses opinions, ses idées, son ignorance des faits pour autant de rétractations qui méritent seules créance; et, confondant même, lui, qui dit connaître tout le monde, les uns pour les autres, une fois il prend M. J. Quiqui Degages pour M. L. Degages, et dans la circonstance Spoutourn, il représente comme mourant empoisonné à Fort-Royal, le sieur Vermeil, très bien portant, à la Dominique. J'aurai du courage jusqu'au bout, car il en faut pour réfuter sérieusement M. Fleuriau, et je prendrai de nouveau la liberté de lui dire que son prétendu empoisonné est un paralytique, M. B......., sur le compte duquel je n'ai pas autorisation de parler ici. Si en effet Vermeil est à Fort-Royal, ainsi que le prétend M. Fleuriau, qui trouve que des magistrats créoles ont *été indulgens en se bornant à annuler les poursuites dirigées contre cet individu par des magistrats européens;* j'en tire une nouvelle preuve contre l'administration de la justice coloniale. J'ajouterai, pour en finir avec mon réfutateur *quand même,* que les six esclaves arrêtés sur l'habitation Spoutourn, sont, ou ne sont pas coupables de révolte et d'incendie.

Dans le premier cas, il faut les condamner; dans le second, les rendre à leur maître. Pourquoi donc M. le délégué, confident des intentions des colons, annonce-t-il que, « *pour toute punition de leurs crimes, ces noirs se-* « *ront conduits dans une colonie étrangère où ils se-* « *ront libres.* « Quelle est cette justice et cette violation du droit des gens ? on transportera sur une terre étrangère, des brigands, des malfaiteurs, auxquels on donnera la liberté, quand vous ne l'accordez que difficilement à de bons sujets ; qu'au prix de 6,000 fr., ou bien vous exilerez de leur pays, de leur famille, de leurs amis, vous enleverez à leurs affections des hommes innocens ? En vérité, il faut être colon de la Martinique, ou leur mandataire, pour proclamer de tels principes. »

Grand merci, Monsieur Fleuriau, de la haute opinion que vous voulez *aussi* m'imposer sur M. Perrinelle ! avec un peu plus d'attention vous auriez vu caché sous la robe de ce magistrat amovible, le fer du bourreau ...... mais je laisse mes griefs particuliers de côté. « *Les noirs* « *de l'habitation Dariste, ont avoué* » dites-vous, « *le* « *crime pour lequel ils ont été punis.* » Vous faites erreur M. Fleuriau, ils ont, en marchant à la mort, où les collègues de *l'honorable président* les envoyaient, avoué leur crime, comme un supplicié voue à l'exécration publique l'auteur de ses maux. Vous avez pris l'accent du désespoir pour l'aveu du coupable. Il y a eu dans cette sanglante exécution de ving-six hommes, trop de précipitation et une absence trop inexplicable de pourvoi en cassation, pour que je croie à la justice de leur sentence, même quand elle n'aurait pas été rendue par trois des juges de 1824.

J'ai parlé d'un repas nocturne fait par des blancs au pied de la potence, et qu'on aurait d'abord imputé à des esclaves. M. Fleuriau se dit « *fondé à penser que* « *je sais moi-même que ce souper n'a jamais eu lieu.* »

Je ne sais et ne m'inquiète guères où M. Fleuriau va

chercher ses inspirations et ses croyances ; tout ce que j'affirme, c'est qu'on avait voulu faire naître un pré-texte de conspiration ; qu'on a arrêté, à cette occasion, plusieurs esclaves qui ont été relâchés. C'est cette af-faire que M. l'avocat-capitaine-délégué-Fleuriau traite aujourd'hui *d'étourderie bien blâmable sans doute* », en annonçant que les blancs fautifs ont été punis. Il eût été d'autant plus facile à M. Fleuriau de justifier cette assertion par la citation des noms des condam-nés et de la peine infligée, qu'il a facile accès dans les greffes, ainsi que le prouve un relevé d'arrêts qu'il rap-porte et sur lequel je m'expliquerai ici.

Je remercierais de bon cœur M. le délégué du ta-bleau qu'il publie, des condamnations prononcées à la Martinique contre des blancs sur les plaintes des hom-mes de couleur, s'il avait rendu ce relevé plus complet, par le rapprochement des condamnations prononcées contre les hommes de couleur sur la plainte des blancs, et même M. Fleuriau avait là un bon moyen de faire croire à son impartialité.

Si j'avais, comme lui, la facilité de compulser les re-gistres d'audiences, j'aurais, par des citations, répon-du aux siennes qui auraient été complètes ; mais, à dé-faut de cette ressource, je me borne à citer un arrêt de la cour de la Martinique, (7 Juin 1831) par lequel on voit que cinq personnes appartenant à la classe de cou-leur ont été condamnées à DEUX et TROIS années d'em-prisonnement, et 200 à 300 fr. d'amende, pour avoir fait partie d'un rassemblement à la porte de la maison d'une dame appartenant à la *classe privilégiée,* que

la vindicte publique accusait, à tort ou à raison , de sé-
vices contre une jeune esclave.

Or il resulte de ce court exposé et du tableau de M.
le délégué que les mêmes faits pour lesquels un blanc
est condamné à quelques jours de prison et quelques
francs d'amendes, entraînent envers un homme de couleur des années de dure captivité. Voilà l'impartialité
des juges de nos colonies, et l'on pense combien je
suis audacieux et criminel de demander avec instance
la reforme d'un pareil état de choses?

Le tableau de M. Fleuriau ne prouve qu'une chose
que je n'ai pas niée du reste, c'est que parfois, aux colonies, lorsqu'un homme de couleur poursuit, il ob-
tient une sorte de justice ; et que toujours , ce que nie
M. Fleuriau , lorsqu'un blanc se plaint, la justice, ou
mieux, les tribunaux sévissent. (1)

M. Fleuriau a parlé du pourvoi, encore en instance,
du patroné Louisy, pourquoi ne pas citer l'arrêt qui
y donne lieu ? En voici l'extrait : « Louisy accusé d'a-
voir frappé *d'un coup de bâton le sieur Jules Joyau,
est condamné au carcan, à être fouetté par les mains
du bourreau , et à deux ans de fer !*

---

(1) Dans le tableau publié par M. Fleuriau, on voit que le Sieur
Oculy, homme de couleur, assailli en même tems par quatre colons,
l'un d'eux a été condamné à 200 fr. d'amende , le second à un mois
d'emprisonnement, 101 fr. d'amende; le troisième à trois mois d'emprisonnement, 208 fr. d'amende ; et le quatrième renvoyé de la
plainte. M. Adolphe, homme de couleur, maltraité aussi par deux
colons, l'un a été condamné à 50 fr. d'amende, et l'autre acquitté.
On voit plus loin, que pour des tentatives de meurtre sur la personne d'un homme de couleur, par deux colons, un d'eux a été con-

La dénonciation dont M⸱ Juston conseiller auditeur a été l'objet de la part de deux officiers du Parquet n'est pas contredite par M. Flauriau, à moins que M. le délégué ne prenne pour une réfutation l'aveu qu'il fait lui-même que: « *M. Morel, procureur du Roi, a pu se plaindre verbalement de quelques procédés de M. Juston.* »

M. Fleuriau soutient que la fête de S. M. Louis Philippe a été célébrée à la Martinique par les autorités, j'affirme le contraire. M. Fleuriau se tait sur la distribution que j'ai dit avoir été faite, dans la colonie, de médailles *carlistes*. C'est comme on voit ménager le présent, et prendre des gages pour un avenir que rêvent les *colonistes*.

M. le délégué prend bien chaudement la défense du 45ᵉ régiment de ligne que je n'ai pas attaqué. Voudrait-on faire une affaire de corps d'une question politique? J'estime la bravoure d'un régiment français, les attestations des colons, n'altèrent pas mes sentimens pour lui, mais j'ai cité quelques faits personnels. M. Fleuriau généralise, pour se tirer d'embarras; il a tort : l'esprit de la masse d'un corps ne couvre pas d'inviolabilité les sommités qui le dirigent.

Même tactique à l'égard de la garde nationale « *que je ne comprends pas dans mes anathémes.* » J'ai dit qu'on armait cette noble et patriotique institution,

---

damné à 16 jours d'emprisonnement, 101 fr. d'amende, et 500 fr. de dommages-intérêts ; et l'autre à 101 fr. d'amende. *L'arrêt a reconnu*, dit M. Fleuriau, *que les blessures avaient été occasionnées par maladie!*

d'une manière inégale et calculée, en donnant à tous les blancs des armes tandis que moitié, tout au plus, des hommes de couleur en possède, et qu'il est question de désarmer incessament les patronés.» Est-ce donc ravaler une institution que de réclamer pour elle un droit dont la privation ou la restriction est considérée comme un outrage et une dégradation? Pourquoi M. Fleuriau ne me refute-t-il pas, ou ne dit-il rien en défense de ses commettans, lorsque je m'élève contre la *dégradation* infligée à un garde national, par un chef de bataillon, et que je signale au ministre la force d'inertie que rencontra l'autorité pour l'exécution de cette sentence arbitraire ?

Honneur, si M. Fleuriau le veut, honneur à M. le général Donzelot ! le Panégiriste de M. le président Perrinelle est digne d'estimer M. le général Donzelot. Mais, pour couronner l'œuvre, je m'étonne qu'un cœur aussi complaisant pour les vertus des grands citoyens, reste muet devant Richard Lucy que dans ma brochure j'attache au char de Donzelot ! M. Fleuriau craindrait-il que l'amitié qui le lie à ce premier personnage fit suspecter l'impartialité de son opinion, ou bien cette amitié elle-même restera-t-elle frappée d'interdit devant la famosité de l'ex-Procureur général de la Martinique ?

Je ne crois pas avoir *seul* raison contre tous, ni être doué du mérite de deviner les énigmes du style de M. Fleuriau ; j'ai cité des faits particuliers et me suis toujours gardé d'imputer à la généralité la faute de quelques meneurs ; M. Fleuriau fait regretter de n'avoir pas conservé la même mesure dans sa réfutation et d'avoir persisté, ainsi que ses commettans, à ne considérer en moi qu'un homme blessé qui se plaint, et pas un citoyen qui réclame au nom de tous ses compatriotes l'exercice et la garantie d'un droit incontestable.

Je me garderai bien de m'énivrer des conseils de fausse générosité que me donne M. Fleuriau en m'engageant à me recuser dans la cause qui divise l'opinion de nos Antilles. Non certes ! je ne le ferai pas, et c'est parce que j'aime bien mon pays, que je ne cesserai de combattre les abus intolérables qui l'oppriment et le désolent; je suis une preuve vivante de ce qu'ils causent; ma présence vaut tout un long plaidoyer et je conçois quelle importance mes adversaires attachent à mon éloignement ou à mon silence. Je n'ai aucune autre exaltation dans l'esprit que celle que donne l'amour de sa patrie, et si elle est extrême, j'ai l'orgueil de croire que l'on me rendra cette justice que je n'ai réclamé pour moi, en réparation de barbares traitemens que m'ont infligé les préjugés des mandataires de M. Fleuriau, qu'une législation qui en rende l'application impossible pour un autre, quelque soit son rang, sa couleur, et sa croyance. Je me suis fait le défenseur de l'humanité, je puise dans mon cœur les ressources qui manquent à mon esprit ; l'opinion publique, dont j'ai tant de fois éprouvé la sympathie, prononcera qui de mes adversaires ou de moi a choisi le meilleur rôle.

BISSETTE,

Mandataire des hommes de couleur

de la Martinique.

Paris, ce 8 Décembre 1831.

POST SCRIPTUM.

Pour arriver tard, le baron Cools arrive à propos; son adhésion à la lettre de M. Fleuriau est rédigée dans un esprit et un style qui montrent dans tout son éclat l'orgueil de l'aristocratie coloniale, dont le baron est le délégué suppléant.

Le baron de *Cools* n'a pas compris mon mémoire : ce n'est pas sa faute. Je n'attaque pas, mais je cherche à éclairer le gouvernement, et j'espère y parvenir, malgré les injures, les attaques et les outrages dont je suis l'objet.

Le baron, qui descend aussi dans la lice de la polémique, avoue que, si depuis les *journées de Juillet* le gouvernement s'est occupé d'améliorer l'état politique des colonies, « *il est loin d'avoir éprouvé aucune opposition de la part des* COLONIES *ou de leurs délégués.* » Pourquoi donc torturer sans cesse l'esprit des nouvelles ordonnances ? Pourquoi donc tant d'acharnement contre ceux qui secondent de tout leur pouvoir les intentions bienveillantes du gouvernement actuel ? Pourquoi surtout cette affectation du Baron-Colon à parler de nos possessions d'outre-mer, comme un marquis de l'ancien régime parlerait de nos départemens de la France? Dans l'esprit du nôble baron, les *colonies* veulent dire les *blancs* par exclusion, comme dans le style du Vicomte de *Lamorlière,* (1) la province signifie la noblesse, à l'ex-

____

(1) Personnage de la comédie intitulée : *Avant, Pendant et Après.*

clusion des vilains et des paysans. Tout ceci rappelle ce mot d'un roi de France, *la caque sent toujours le hareng*, et nos colonies seront toujours en sens contraire de notre civilisation, tant qu'elles seront personnifiées dans les partisans du privilége aristocratique, tels, par exemple, que le baron de Cools, *dont le petit nombre de réflecxions* atteste la grande modestie.

BISSETTE,

Mandataire des hommes de couleur de la Martinique.